अनरहनी रहने दो

मुकुंद लाठ

राजकमल प्रकाशन

ISBN : 978-81-267-2352-2

मूल्य : ₹795

पहला संस्करण : 2013
This book is printed on **Print on Demand** Technology : 2026

प्रकाशक : राजकमल प्रकाशन प्रा. लि.
1-बी, नेताजी सुभाष मार्ग, दरियागंज
नई दिल्ली-110 002

शाखाएँ : अशोक राजपथ, साइंस कॉलेज के सामने, पटना-800 006
पहली मंजिल, दरबारी बिल्डिंग, महात्मा गांधी मार्ग, प्रयागराज-211 001
1, अनमोल सोराबजी संतुक लेन, धोबी तलाव, मरीन लाइंस, मुम्बई-400 002
वेबसाइट : www.rajkamalprakashan.com
ई-मेल : info@rajkamalprakashan.com

ANRAHANI RAHANE DO
Poems by Mukund Laath

दो शब्द

कविता जब-तब वहाँ भी होती है जहाँ उसके होने का कोई आभास या प्रत्याशा न हो। ऐसे लोग भी कभी-कभार कविता लिखते हैं जो कवि नहीं हैं। किसी अन्य अनुशासन में व्यस्त लोग भी कई बार अपने निबिड़ अन्तरतम को खँगालने या संसार की अपनी समझ को दर्ज करने के लिए कविता का सहारा लेते हैं। ऐसे भी हैं जो किसी मर्म या सघन क्षण या अनुभव को उसके ओझल होने से पहले कविता में बचा लेना चाहते हैं। असाधारण रूप से किसी स्थिति में बन्द या सिकुड़ा महसूस करनेवाले भी कभी कविता का सहारा लेकर उसे अपने लिए अधिक सह्य बनाने की कोशिश करते हैं।

कविता कभी अनुभव की जटिल परतें खोलती है और कभी किसी विचार की नाज़ुक ज़मीन पर हल्के से पाँव धरती है! कभी उड़ती है और कभी सहमकर कोने में बैठ जाती है। कभी स्मृतियों का वितान उसके लिए अभेद आकाश बन जाता है। कभी स्वप्न-दुःस्वप्न उसकी काया को छील डालते हैं। कभी वह प्रसन्न होकर काल तक पर फुदकती है। कभी वह उम्मीद की डाल पर प्रफुल्ल होती है, कभी नाउम्मीदी के अँधेरे में लौ की तरह काँपती है।

विचारक और संगीतविद् मुकुन्द लाठ चार दशकों से अधिक कविता लिखते रहे हैं। उनका काव्यप्रेम उनके अनुवादों से प्रकट हुआ है और उन्होंने प्रसंगवश कविता पर गम्भीरता से विचार भी किया है। उनका यह संग्रह 1970 से लेकर 2012 के दौरान लिखी कविताओं का संग्रह है। जितना अचरज की बात यह है कि उन जैसा अधीत विद्वान चुपचाप इतने बरसों से कविता लिख रहा है, उससे कम अचरज की बात यह भी नहीं है कि ये कविताएँ किसी भी काव्य-निकष या काव्य-रुचि के आधार पर कविताएँ हैं। वे अपने लिए किसी रियायत की माँग नहीं करतीं।

सबसे बड़ी बात यह है कि इन कविताओं में शास्त्र और लोक दोनों समाहित हैं- उनमें परम्परा की आधुनिक अन्तर्ध्वनियाँ हैं और आधुनिकता के कई मर्म और उत्सुकताएँ

गुँथी हुई हैं। वे बहुत सहजता से तत्सम और तद्भव को एक साथ साधती हैं। उन पर विचार हावी नहीं है और वे कविता की काया में हस्तक्षेप नहीं करते हैं बल्कि अनुभव की तरंगित सघनता में घुल-मिलकर आते हैं।

हमारे समय या शायद सभी समयों में मनुष्य की स्थायी विडम्बना यह है कि उसकी स्थिति हमेशा ही अन्तर्विरोध की है। मुकुन्द लाठ की कविता इस स्थायी और अटल अन्तर्विरोध से न मुँह मोड़ती है, न ही उसको सरलीकृत करती है। तभी वे इस संग्रह की पहली ही कविता का समापन यों करते हैं :

मैं वही पथ वही
जाना है जहाँ

डोर से बँधता
बिखरता चराचर

कविता के कठिन माध्यम पर मुकुन्द जी की पकड़ शुरू से ही पक्की है। इस संग्रह की अन्तिम कविता में, जो 1970 में लिखी गई थी, ये पंक्तियाँ संयमित कौशल का उदाहरण हैं :

रात बीती, पौ फटी :
आकाश जैसे पुरानी मदिरा
खिंची जो ईख से
तारे तगर के फूल
तिरते उसी पर दो चार
बुझ से चले अब
आलोक-झीने।
बुझ गया अभिसारिका का मन
किया फिर छल किसी ने
किसी ने फिर दिया धोखा।

कविता अन्ततः बिम्बों, शब्दों और उनके बीच के मौन से अपने को चरितार्थ करती है। मुकुन्द जी की कविता में बिम्बों की बहुत ताज़गी है :

देखा तो
मेरे ही ऊपर से उड़ आई
गुलदुम की नील-घुली

लाल झलक साथ
उधर
ऊपर की डाली पर जा बैठा

काली तिकोन-घनी
कलगी पर
जाड़े की धूप में
उदीयमान

या कि एक अन्य कविता 'अभिषेक' का यह बिम्ब :

मूँग-हरे पत्तों में
थमक गई
जामुन-मँजीठ लौ।
कल बरसा पानी
उड़ फुही-फुही बिखर गया।

मुकुन्द जी के यहाँ शब्द और बिम्ब की लीला के साथ-साथ गहरा विनोद भाव भी सक्रिय है। कुछ अंश देखे जा सकते हैं :

जंगल कुछ
कहने को झुक रहा था
मच्छर ने टोक दिया

और

हे ईश्वर
कुछ ऐसा कर दो
भीतर से नाहक निर्विचार
जब उठे सताती उड़न-हूक
तब सुख से
डाली पकड़े ही
पंखों को थोड़ा उचका लूँ
थोड़ी-सी फड़फड़ में पूरी
बुझ रहे गगन-प्यास।
बिन उड़े भरूँ

ऊँची उड़ान का
अटल भान

कविता अगर एक स्तर पर सार्थक होने के लिए एक समूचे जीवन को उसकी जटिलता और सूक्ष्मता में प्रकट करती है और एक ऐसी मानवीय गरमाहट और हमआहंगी देती है जो अन्यथा सम्भव नहीं है तो मुकुन्द लाठ की कविता भरी-पूरी जीवन-कविता है। उसका आस्वाद जिजीविषा, जिज्ञासा और विचार के लिए उत्साह बढ़ाता है।

7 अगस्त, 2012 **–अशोक वाजपेयी**
नई दिल्ली

अनुक्रम

साखी

उड़ गई कलचिड़ी
अपने पाँच कामों में लगी है

मैं उठा
पगडंडियों के जाल में
किस नए बीहड़ का इशारा ढूँढ़ता हूँ
निकम्मा

मेरी कमेरी आँख
तिल-तिल व्यग्र है
हर देखने में अलख उद्‌भट देखती है

चला था
उजली शिरा का स्पंद ले
मैं सूर्य-साक्षी

भटक आया रुद्र के
किस प्रलय-तट पर

मिट रहा मैं
ढीठ होता जा रहा हूँ

टूटती, सारे किनारे तोड़ती

उत्कट लहर का छंद
पाँवों का सगा है

भस्म ऊपर नाचती पर
सप्तजिह्वा शिखा का हर अंगहार
कवल में अंकुर जगाता
सूर्य-स्पर्शी जागता है

इधर अपने को निगलता मन
गवाही दे रहा है
कलचिड़ी अनदिख उधर
अनबूझ बोली यही साखी

[जयपुर, 28/2/2012]

औघड़ प्रश्न

पूछ ही बैठे अगर
तो क्या कहोगे?
साँस की चौखट खड़ा है
यक्ष

नाच उट्ठेगा अभी पागल
तुम्हारी समूची धरती
सहेजी सयानी
किस बेसहारे खड़ी होगी?

चाप में उसकी अतल भूकंप है
सँवरे बिछे सब द्वार आँगन छत
सुघर दीवार के चौबंद
पल में बिखेरेगी

शून्य पर आसन जमाना जानते हो?
जानते हो कुछ नहीं का छंद?
औघड़ प्रश्न का आकाश
जिस निर्बंध का मुँह जोहता है

शब्द हो
नि:शब्द की अँकवार हो निस्सीम व्याकुल
अगम उसकी टोह

[जयपुर, 7/2/2012]

पंख उसके हैं सदा

जिस किनारे आ लगे
सो गए उसकी बाँह में

जब आँख खोली
टीस जागी उँगलियों में

पकड़ में कुछ भी नहीं था
शून्य की लंपट लहर आई-गई

अब फिर बहा लाई वहीं
पकता हुआ-सा फल

निराला घोंसला फिर उन्हीं चिकने घने
पत्तों में सजा है। सो रहो

अब यहाँ जागोगे कहाँ?
कोई नया भी शून्य है?

बह रहा पानी। फिर छलावा :
गोद में आकाश का फिर वही रीता वही अनहोना निमंत्रण।

कौन जाने

हठीला क्यों नेति का संकेत है

मैं सो रहूँ,
पर पंख उसके हैं सदा

[जयपुर, 27/10/2011]

तोते सवेरे सवेरे

तोते सवेरे सवेरे
धानी हरे

रतनार गुलमोहर
झमकती चोंच
–खुलती चीखती
–किस कर्कशा का स्वर–
कुतर खाती निमौली पेड़ भर की
बिछा जाती तले

पूरा झुंड है

तोते सवेरे सवेरे
कुछ देर मँडराए
छितरती बिखर जाती पंगतों में
उड़ गए
किस दूर का आकाश आँखों में लिये
किन जंगलों की ओर
पूछो उन्हीं से

उछला उमगता रंग का पानी
हवा में फुरफुराया

सवेरे ही सवेरे
तोते हरे
धानी खरे

[जयपुर, 30/10/2011]

डोर से बँधता बिखरता

मिल नहीं पाया
जिसे ढूँढ़ा

किसे ढूँढ़ा
कहाँ कब समझ आया

पास बैठा पूछता
'पहचानते हो?

मैं वही हूँ';
मान जाते?

पहेली-से पाँव उठते
थम न पाते

तभी आपा ही
चलाचल में बिलाया

कौन तोले
किसे खोया किसे पाया

एक धुन की गूँज
अनथक टेरती है

मुझे, मेरी पहुँच
सबको घेरती है

मैं वही पथ वही
जाना है जहाँ

डोर से बँधता
बिखरता चराचर

[जयपुर, 10/11/2011]

छिन्नमस्ता प्रथा

मीठी नींद
के नीचे
वही खोखल जहाँ
सब बीज पत्थर

पंख में जागा
कपट संदेश :
कितनी दूर तक जा
कहेगी चिड़िया,
यहाँ आना नहीं था

अटल निर्मम अप्सरा
जिस टोह में है पुरुरवा
आकांक्षा का वीर्य
बीहड़ में लुटाता टेरता है
वृथा

तुम जिस मोह में तल्लीन
उसकी छिन्नमस्ता प्रथा
रति पर लहू पीती नाचती है
खींच लाई कहाँ बरबस
किस अमस्तक तंत्र में

[जयपुर, 8/2011]

उन्माद

पहेली का
हाथ ले चल पड़ा

फूटा आठपहरी घड़ा
पानी था, हवा थी?
मैं अनोखा बहा
लहरों पर चढ़ा मँझधार
पर था वहीं का ही वहीं

पत्ता झड़ा
उड़ता उमगता नाचा
पड़ा है पस्त

पथराई
अघाई
आँख में जागा तभी आकाश
पुतली भटकती उल्का
कभी क्या पा रहेगी
छोर
पागल घेर लेगी
उस कमल का वृंत
जिस पर फूट आया
अकारण उन्माद?

[जयपुर, 1/6/2011]

मुड़ी भीतर बेतवा

चार ढोकों से उलझता
उछलता पानी चला

चट्टान बैठा किलकिला
नन्ही रुपहली मछलियों को टोहता था
अचानक लपका
उठा–मछली-चमकती चोंच

फिर अब उसी तेवर
फिर उसी चट्टान बैठा
फिर नदी का ध्यान

मैं भी बेतवा पर आन
बैठा हूँ किनारे
नदी का ही ध्यान

पाँवों तले पानी में बिछलते, मँजे चुपड़े
बिछे शालग्राम
मैं भी ले चलूँ कुछ नदी से क्या?
–घर सजेगा

मगर देखा
माँगती मुझसे नदी
अपनी बपौती पुरानी

मैं बह रहा कब का
नदी हूँ
बिना पानी

मुड़ी भीतर बेतवा
मुझमें समाई
बाँह में धरती लिये अपनी
चली

[जयपुर, 23/5/2011]

बुलावा

उड़ जाने दो

इन खँडहरों के उस अकेले पेड़ पर
अब उजड़ता है घोंसला
हर नए-उगते पंख में उर्वर नदी की
प्यास

आकाश की धुँधली हवा
निर्वेद की डूबी उखड़ती साँस
अब आकाश भी आकाश से करता किनारा
ढूँढ़ता वनवास

मैं क्यों वहीं
उन ध्वस्त यूपों से बँधा हूँ
दक्ष के बिखरे पुराने यज्ञ का
अवशेष पशु

निर्बंध पंजों में कसा हूँ
मोह क्या पाखंड की ऊसर थली से?
आँख पर
सौ पत्थरों के ढूह

बाहर का बुलावा फिर वहीं कौंधा

दहलता थरथराता व्यूह
मेरा ही रचा

ढह जाने दो
मिट जाने दो

[जयपुर, 14/5/2011]

पदचाप

पीली पड़ी, ऊँची घनी
इस घास में
लेटे रहोगे?

कौन पीछे पड़ा है?
किससे छुपोगे?

पतंगा
सूखे किसी तिनके तले से
अचानक किस चाह बेबस
पास आ दुबका यहीं
तिनके तले

डर काँपता है थिरकते-से पंख में

पदचाप किसकी गूँजती है?
चली आती है कहीं पाताल से
क्यों ढूँढ़ती तुमको
पड़ोसी पतंगे को

[जयपुर, 17/5/2011]

जंगम

पुरानी पगडंडियों पर
उसी पहचानी थली के घेर भीतर
मैं अचल-सा घूमता था

अचानक उमड़ा अचंभा
तड़ित् कौंधी
चल पड़ा मैं–

संपराय–
पंथ के उस पार
पथ का दाय
पाँवों में बसा है।

यहीं तो पाँवों तले है उत्स
उस अंतिम नदी का–
घेरती इस पार
उलझा चक्र
जड़ पगडंडियों का–
यात्रा का अथ
उसी के पार

जाता कहीं भी तो नहीं
डग-डग समेटे पर

यात्रा का सब–कहीं–

चलना यही है
और तो बस लीक धरती पर धरी

जिगमिषा चुप
पा गई अपना किनारा
तट खड़ी है

कौन चलता है?
कहाँ को चल पड़ा है?
किसे पूछोगे भला?

जंगम तुम्हारी साँस है,
कब रुक सकी?
तुम चल पड़ो

[जयपुर, 25/10/2010]

गोरख खड़ा हूँ

टेर का फिर
स्वर निरंजन
भेख मुद्रा टंच
टकसाली अलख के बोल

निकला अँधेरे नेपथ्य से
गोरख
खड़ा हूँ
सँभल अपने द्वार

चौखट गूँजती है
विलक्षण मन
चिरंतन इस स्वाँग का
नखशिख निरंतर
जानता है

झुका फिर श्रद्धा भरा
सत्वर चला उत्कंठ
स्वर की टोह

गोरख का अमल जुड़वाँ वहीं ओझल
तमाशा देखती अनथक

परखती आँख उसकी
हँस रही है उपेक्षित

मत उधर देखो
जतन से सुथरा-सजाया
मिट रहेगा खेल सारा

क्या बनेगा?
देखना भी
खेल-भीतर खेल की ही गाँठ तो है

जो तमाशा देख
हँसता अलग बैठा
वही आगे आ रहे तो रच रहेगा
वही सारा
खेल

अंदर खेल के ही पनपता है खेल
सींगी क्या नए अनजान स्वर में गूँजती होगी निराली
अलग ही तूँबी सजेगी
अलग पानी
कौन जाने?

पर यही क्या चाहते हो?
यही बासी नयापन?

देखो कहाँ है नाटघर का द्वार

[जयपुर, 22/4/2010]

मूरत

अलग खड़े देखते हो?

भाग रही धारा में
अपनी किस काया को पेखते हो?
नदी की ही छाया है

बूँदों में आपा बटोर रहे,
अपनी भी धारा परेखते हो?
किस बहाव घुमड़ रहे
कभी खड़े लेखते हो?

कौन कहे
बाढ़ किन ढलानों में रपट चली
टूट रही लहरों में हँसते, बिलखते हो
पानी की मूरत उरेखते हो

जिसे खड़े देखते हो

[जयपुर, 10/6/2010]

भीगता हूँ

थमी हवा।
दूर खड़े
छोटे से बादल के टुकड़े में
अब भी आकाश रवाँ।

मेरा अवसाद
अटल स्तब्ध इधर कोने में
मुँह छुपाए बैठा है।
कहीं उस अगाध

तले स्पंद नहीं।
लहर कहाँ से उठकर
आई है, इधर हटक
घर मेरा, यहीं, यहीं,

कहती है।
लाई है चेतना का छंद
जिसे मेरी पहचान नहीं।
पत्थरों में ढहती है

मेरा लयहीन निलय देख
बिखर गई ढीठ।

फिर अपने पानी में बहती है।
मुझ पर तो रेख

भी नहीं आई।
तो भी मैं जानता हूँ
कहीं तरल है काया
शिला में शिरा छाई

अंधी है जहाँ अमा
उसी गुफा के भीतर
सोता अनहोना
कब फूटेगा? जड़ सा हूँ थमा

मगर भीगता हूँ

[जयपुर, 30/6/2010]

कुंडली विभीषिका की

कहीं तार टूटा है।

प्रलय घड़ी
उद्‌भट है
निर्ऋति के भग्न-चिह्न खँडहर में
व्यग्र निश्शरीर हाथ
ढूँढ़ रहा निराधार
छितर-बही उँगलियों की लहू-डोर

मैं जिसकी टोह
पुतलियों की सघन कोर सधा पालता था
दो सुपर्ण डैनों का उड़ता आश्वास
चिटक गया उस आकाश का निरंत छोर
किस कोटर गर्त गिरा
कौन कहे

बाहर से भीतर
बवंडर ही घुमड़ रहा
निरुद्‌देश्य
मैं इस बगूले की धूल
कनी-कनी क्षिप्त।

गूढ़ कहीं बैठा पर जानता हूँ, 'बिखर रहा'

मिट जाता, काश
वृथा टोह किसे किसकी फिर?

यही तो है कुंडली
विभीषिका की

[जयपुर, 30/6/2010]

निर्बीज

फक पड़ी थी घास
दबी पाँव तले, तिड़क गई।

फुनगी से
उड़ा बीज
रेशम का फाहा था।

तैर गया कोमल
हवा की हथेली पर।
सूरज सहला रहा है
गिनता हर रोएँ को
काँप रही उँगलियों से
–टूटे ना!

मेरी आस्तीन
बीस सलवटों में खुरदरी है–
बीज वहीं सीधा उड़ उत्सुक–सा आ बैठा
चिड़िया ज्यों घोंसले में।

अब मेरे ऊसर में
मिट रहेगा

[जयपुर, 2/7/2010]

अंत का गजर

किसी की नहीं सुनता
चुपके ही जाने क्या क्या बुनता
अपने अँधेरे में बैठा है
जाने किस सूने में विगत-चिह्न पैठा है
क्या कहोगे उससे तुम
धरती आकाश से अलग गुमसुम
किस अलोक की रेखा
पकड़ रहा, किसने कहाँ देखा?

लगता है तुम भी अब
कह सुन कर इस बेढब
नगरी में खो बैठे अपनापन
जो निर्जन
ढूँढ़ते हो भीड़ के किनारों पर
घर बाहर
कहीं नहीं उसका ठिकाना है
जा बैठो उसके ही पास, कहाँ जाना है?

मन की अश्रांत अनी
सब कुछ उधेड़ चली अनबनी
के जिस दिगंत
वहीं अगर अंत का गजर गूँजे
अच्छा है

[जयपुर, 3/7/2010]

आड़ से

आड़ से यों ताकते कब तक रहोगे
चोर की है रीत।
अंधी बाड़ के उस पार पानी का
अबंधन गीत

सरिता के स्वरों में
छंद का घर पा गया आकाश।
लोलुप तुम सुनहरी लहर के
या काश

उन बेछोर नीले किनारों के
पंख जिनकी प्यास।
भीतर मुँह छुपाती लहू में
दुबकी अकारथ आस

चंचल कर रही है।
अँधेरे की पुरानी तह में पला
उद्वेग पागल चाहता है
सभी कुछ उजला

चमकता, बंद मुट्ठी में दबा लूँ
रूँध लूँ अपनी गुफा के पाश।

लालच बढ़ रहा है, घटोत्कच
जितना विकट उतना हताश

हवा की खुलती परत में बह चलो
निर्ग्रंथ होंगे अंग
मन के गह्वरों में उतरती
बिछली किरण का भंग

चुपके चाहता है
धुले बादल का अनर्गल
क्षितिज में लिपटा प्रवाह

[जयपुर, 1/8/2010]

अतिथि घट-घट

ठन गई दो चिड़ों में–
किसकी चिड़ी?

मैं कौन सा हूँ?

चाह में उमड़ी अचानक बाढ़
उतली धार वैतरणी चली
है वहीं की तो प्यास
तीखी रिरंसा में

श्येन के कस रहे पंजों में सिहरता
बिंध गया आकाश
मचला पंख उसके ग्रास में
अब गाँस है, नन्ही, अखरती

मूँद लेता उजाले में आँख
नस नस दहल उठता
दुबक रहता अँधेरे की कोख
दलदल के अतल का जीव हूँ

घिर गई क्यों अनजान आँखों में
किरण की तिलमिलाती आस

आओ, चले आओ, अग्नि देवा, अतिथि घट-घट
पुतलियों में जगा दो अब

चिता की अंधी लपट

[जयपुर, 26/8/2010]

पंख भी उस दूर तक जाते नहीं

तिनके सँजोती चाह
उड़ती इन्हीं तिनकों के लिए
आकाश व्याहत नीड़ से है सर्वदा

पर पंख में अनिवार है जो क्षितिज
उसके निवारण में भी
धधकती है उसी की चाह
समिधा चाह की ही लिये

कब कहाँ ले जाय अनहोनी ललक
यह कौन जाने! हमारे ही रोकते
हम किधर चल दें, विवश-से पर पुलक-भीगे
रोम के अंतर पला जो क्षितिज
वह क्या जानता है?

उसी के आतंक, उसकी प्रतीक्षा में
साँस में निःश्वास है,
बाहर हवा में साँस है

फिर पाँच तिनकों के लिए
उड़ता, उतरता पाँच पेड़ों के तले
में जंगलों की ओर क्यों उड़ चला सहसा
पंख मे काँपी अगम की चाह

लौट जाऊँगा पुरानी डाल पर
मैं जानता हूँ–पाँच तिनके सजा दूँगा, नीड़ होगा निराला

कब बगूलों में घिर रहेगा
सिहरता मैं भाँपता हूँ
किस परे का निमंत्रण है बवंडर में
बिना जाने जानता हूँ
पंख भी उस दूर तक जाते नहीं

[जयपुर, 7/9/2010]

आ गया है काल

आ गया है काल
देहरी पर खड़ा है।

चित्त की हर नेति–मुद्रा
उसी का संकेत है।

ठूँठ मैं, आघात–पेक्षी
भाँपता फिर भी अमोघ
स्पंद का अथ
निराकृति के घोर में

टूटने का विकट सन्नाटा
घिरा निरपेक्ष।

किसका गूँजता स्वर
सुन रहा चुपचाप
मैं अपनी बिखरती
क्षणिकता में, अभंगुर।

नहीं मिटने का अँदेसा–
मिट रहा हूँ सदा तिल तिल
आप अपने कगारे बैठा
अचंचल जानता हूँ

जानता हूँ, अमिट कुछ है–
मैं नहीं, पर मैं वही

मैं खड़ा हूँ देहरी पर
काल अनमिट
आप अपने को मिटाता
बनाता हूँ

[जयपुर, 17/9/2010]

यम की तटिनी का ऊर्मिछंद

वैतरणी के जल में
अपनी देखी काया
मैं झुका, धीर बहती धारा में
कहीं नहीं कोई छाया

कैसे कह दूँ मैं था, यों था
कब अपने को देखा मैंने

किस चिह्न कहूँ–मैं खड़ा यहीं।
आहट आई अनपहचानी
मैं उधर मुड़ा–कुछ नहीं कहीं
क्या जाने क्या मैंने ठानी

अब डूब निरय के अतल गया
भीतर बाहर का सन्नाटा, जिस अनकहने
को दूर जगत् के ओर-छोर फैलाता है
उसमें सब कुछ के आ ढहने

के बीच नाभि से उभर अरे
बुन रहे चक्र–गुँथ रहा गूढ़
मेरा आपा–किस पथ जाएगा कौन कहे
मैं गुहालीन, आलोकमूढ़

पर निर्भय हूँ–यम की तटिनी के
किस अगाध का ऊर्मिछंद
मेरी अनगढ़ आँखों की अनदिख लौ
को देता अमिट स्पंद

[जयपुर, 22/9/2010]

चलने की ललक

थिरक आएगी अचंभे सी
तलों में
पंथ की पहचान, चल दो।
बैठना
जमते लहू सा ठहरना है।

उठो, निर्भय डग भरो,
आँखें सयानी
अलग कोटर में वहीं रख दो
जहाँ
पहचान का जर्जर पुराना जग
अँधेरे में अचल है।

किस मचलती चाह ने ठिठका दिया है
उतारो सूनी-भरी गठरी, उठो गंतव्य-रीते
बोझ किससे खोखलेपन का सँभलता!

चलो, अब उठ चल पड़ो,
रख दो उमहते पाँव, डगमग ही सही।

सब वृथा है आतंक, काया ठूँठ करता,
ताड़का का दूत, साँसों में बसा है।

भंग चलने की ललक का
जागते दु:स्वप्न तोड़ेगा, करेगा अपावृत
उस पार ओझल द्वार।

[जयपुर, 29/9/2010]

वही पहली भोर

नदी में अब नहा लूँगा
उमड़ता मैं सौंप दूँगा
उस लहर को देह–
उभरी गगन से
रह गई उठती ही
गगन की कोर

वैतरणी चलो–
है वहीं उस आकाश का अनमिट
किनारा–नदी के उस पार
देता नदी को बह निकलने का
छोर–मिटने का सहारा
सलिल की हर लहर उसकी उँगलियों की डोर

उजाले के
अँधेरे के
परे घर करता इशारा गोमुखी है
शून्य के डिगते चरण से
बह निकलता जल
नदी है
बूँद की मैं छहरती काया
लहरता डूब लूँगा
वही पहली भोर

[जयपुर, 25/3/2010]

आँख

यहीं पगडंडी किनारे
कुछ-सलेटी-दूध-रंग के बड़े-काँटों-जड़े
छोटे झाड़ में
छह-सात चंचल सार-मुनियाँ
डाल से उस डाल, फुर्तीली
फुदकती, दबे सुर कुछ गा रही हैं-

मैं सँभलकर निकलता हूँ।
जिधर निकलूँ, नुकीले काँटे अड़े हैं-
फँसा कुर्ता, पाँव,
कंधा अब कहाँ से निकालूँगा?
सारमुनिया खेल सा करती
उन्हीं के बीच मनमानी निरंतर
ठानती है।

अजनबी मैं, झाड़-काँटों से बड़ा काँटा
नहीं क्या?
नहीं मुनिया को मगर
मेरी हिचक-जो अजूबा उसके
निराले में उलझता टपक आया।

निडर मुझसे क्यों? यही बेतुकी कुंठा
सताती है। बड़े से इस डौल भीतर

मैं कहीं का भी नहीं क्या,
कुछ नहीं जैसा निरीह?

इसी धरती का लिये है रंग मुनिया।
चमक जाते धवल-उजले पंख निचले
सजीले अठखेल में।
उसको नहीं मैं छेड़ना कुछ चाहता,
पर कंटकित हूँ, झाड़ का दर्पण बनूँ
कुछ देर-वन की चौंक, अपनी ओर मुड़ती आँख-
तो किसका बुरा है!

[जयपुर, 8/2/2010]

महावेताल

(1)

हाथ में तूली उठा ली
सामने हैं रंग

किस अनोखे मेल से
अनधुले-फीके असमानी में
नए आकाश का पानी
उतारोगे,
सधे हो,
जानते हो

अखरता है हरा कोरा
अभी निखरेगा-
सघन में खिली कोंपल
उँगलियों में झाँकती है

लाल की भूगर्भ लाली
क्षितिज की अनदिख ललक ले
आ मिलेगी तूलिका पर

(2)

आँकते क्या हो?
कहोगे?

आँख की धूसर शिला पर
खोखला केंचुल
टँगा है

रूप का ओझल
सरासर
अंतरंग

किसी भैरव तंत्र से
आकार का शव
साध लोगे?
कौन सा विक्रम करोगे
सर?

महावेताल मन के
प्रश्न कैसे टाल दोगे?

शव सधे भी
जगेगा वेताल ही।

[जयपुर, 3/2/2010]

अँकवार

कामना के जाल पीछे
झाँकती जो चाह
उसकी छाँह में नम है
प्रवणता की उजास

एक सवेरा
सवेरे में और है

मैं उसी की ओस भीगा
टोहता उसका उजाला

इसी बड़ की डाल पीछे
नए अँखुए-सी उझकती
पौ फटेगी
जानता हूँ

मैं सजल
सूरज अछूता
चाहता सूरज अगोचर
किरण का माया वितान

जटा
बड़ की

इसी धरती पर
पकड़ना चाहती है जड़
उसे दो पंख

जिस आकाश में जा
घर करेगी
उसी के छाजन तले
मैं ढूँढ़ता बड़ की
क्षितिज अँकवार

[जयपुर, 2/2/2010]

ठिकाना

घाट नीचे उतरता है।
सीढ़ियाँ तो नदी तक
जाती नहीं।

नदी आती है
कभी।
बहता चला आता किनारा।
तीर्थ, तीर्थिक,
तीर्थ-जल का,
स्नान का सारा पसारा।

चल निकलता उत्स को फिर
सलिल का अंत:सलिल अभिसार।

कहाँ बैठे रह गए हो?
जाँचती किस आँख के
तट पर अलग
करते किनारा।

बह निकलने की घड़ी है।
आँख नीचे उतरती है।
धार के उन्माद में पैठा
उतल
बेढब ठिकाना

[जयपुर, 30/1/2010]

निभृत प्रारब्ध

कुछ नहीं
कोई नहीं है
जिधर देखो।

अचंभे की नाव
बिन पतवार
उजली तरंगों पर
चली आती है यहीं।

तुमको बहुत ढूँढ़ा।
मगर अब कौन ढूँढ़े?
अजनबी हो।

देखती जिस आँख का
चुपचाप
एकाकी
नदी पर तैर आया

ढूँढ़ता है चमत्कृत
अपना निभृत
प्रारब्ध।

[जयपुर, 16/1/2010]

आकस्मिक

एक रेखा धुंध में लिपटी कहीं,
दिखती-न-दिखती,
गूढ़ है।

अनमन, शिथिल-सी तर्जनी
उठ ही रही थी अभी
आकस्मिक,
तुम्हीं ने आँख फेरी।

कुछ न कहती, छेड़ जाती।
बिखरता अनिवार
सारा करीना।
क्यों उधर देखूँ?

पर तुम्हारे हाथ
देखो, उठ रहे हैं।
उँगलियाँ उस तर्जनी की लय
पकड़ती-अनपकड़ती
बिफरती हैं धुंध में।

सुथरे, सधे, तुम अलग ही
सिकुड़े, सँभलते रह सकोगे?
कहो, कब तक?

[जयपुर, 14/1/2010]

सो गए पाँव

देखते क्या हो?

सड़क की बाँक का मुँह
किधर मुड़ता है?

तुम्हारे पाँव में है पंथ
चलते रहो, बोलेगा।

सुनोगे?

की बहुत सी मंत्रणा।
क्या क्या कहा था,
बोध ने?
मन ने?
मचलते प्राण ने?

कैसे गुनोगे?

समझ की गलियाँ
पकड़ लीं। वहीं घूमेंगी।
तुम्हारे जानने का फेर
सीधी सड़क पर अब गाँठ
कसता है

सड़क लापता
समझो।

पाँव, देखो,
ऊब कर, नासमझ
सोए

[जयपुर, 13/1/2010]

निर्वाक्

आहट नहीं।

अब लौटती पदचाप का
सुनसान है।

वही हलचल, वही कोलाहल–
शिरा का सो रहा
षड्यंत्र
फिर सर उठाता है।

आततायी मन
वहीं फिर ले चला है
बुन रहा हूँ जहाँ
अपनी भीड़ का बीहड़।

उधर फिर कान दोगे?
स्वर जहाँ
निर्वाक्

[जयपुर, 12/1/2010]

मनोवांछा

बुदबुदाता
अहं की उस
हठीली रग में
वही सपना।
पुराना है–

मेरा दुश्मन
मेरे हाथों
कबंध हो जाए–

उफनते हाथ में तलवार
लहूधार
मेरी ओर पाँच हाथ बढ़े
गिरे तड़ाक, कटा–पेड़,
तभी

मुझसे पाँच हाथ
उधर

[जयपुर, 10/1/2010]

विचार

क्या विचार कर रहा था?

वहाँ कहाँ ढूँढ़ोगे
नीचे की सड़क धूल भीड़
के कोलाहल में?

देखा तो
मेरे ही ऊपर से उड़ आई
गुलदुम की नील-धुली
लाल झलक साथ
उधर
ऊपर की डाली पर जा बैठा

काली तिकोन-घनी
कलगी पर
जाड़े की धूप में
उदीयमान

[8/1/2010]

तंतुओं में

(1)

किस बुनावट पर
तुम्हारी उँगलियों की चोट है?

भूख की निष्कंप लौ में
वहीं मकड़ा
लेलिहान,
समाहित, उत्कंठ
निश्चल खड़ा हो

तो क्या करोगे?

(2)

तर्जनी के पोर पर अंकुर!

उधेड़ोगे उसे?

इन उँगलियों के चतुर, व्यवहारी, कठिन
जिन तंतुओं में
खुला है
लय का अनाहत
क्षितिज
अद्‌भुत

कहो
उसके निमंत्रण को
क्या कहोगे?

उँगलियों के शील की मुद्रा
तड़ित्-सी
नृत्य का आकाश पूरा
चाहती है

सौंप दोगे?
या यहीं सँकरी बुनोगे?

[जयपुर, 3/1/2010]

अनरहनी रहने दो

(1)

उधर
सभी की
आँख तो उठी थी।

नहीं। कुछ नहीं देखा।

(2)

तुम्हारे पाँव में
आगन्तुक था प्रलय।

उधर जा छिटका।

नाभि-हीन
चक्र जहाँ
ढूँढ़ता
छितरे वलय का वृत्त

(3)

अरा अरा बिखर रहा हूँ
रोम रोम क्षुब्ध
अप्रतिष्ठ।

भटकता
अराजक
इस चलने में
चक्र का त्रिशंकु
केन्द्र

पर यहीं इंगित है :
चक्रचारी का है विलीन
अप्रतीक मर्म।

यही अनरहनी
रहने दो।

[जयपुर, 31/12/2009]

कहाँ

कहाँ निकल के जा रहोगे?
कब की उन लीक पड़ी उलझनों में
वहीं होगे!

मन के ही साथ हूक जागती है,
'बस अब तो निकल चलो'
–गाँठों में एक और अतल गाँठ–
कौन नहीं जानता है

कहाँ द्वार?
खोलता हूँ फिर भी
दीवार वही बार बार।

[14/12/2009]

बैठा ही तो

मैं यहीं
उन्मन कहीं
बैठा ही
तो रह जाता

किस अचानक कौंध ने
चंचल किया शरीर

मन अब बैठ नहीं पाता

[14/12/2009]

समझ के किनारों को

सीधे से कह दो ना
समझ के किनारों को
देख नहीं पाते हो

शब्द के शिकार
शब्द ढूँढ़ते हैं
बेकिनार

चुप के भी तार
कहीं छोर कहाँ पाते हैं?

'यही है किनारा'
मैं झूमता सा उछल कभी
लहरों के शिखर बैठ
अपने ही उन्मद किनारों की
सिहरन में
डूबा सा लहर लहर कहता हूँ

निद्रा की गहरी गुफाओं में
दूर कहीं छरहरी सी किरण,
किरण-छाया, झलकती है
नींद ही में
नींद सी घुल जाती है

सपनों में उचक
आँख जाने क्या देखती है

कहती है,
यही तो किनारा है

समझ से कह दो,
किनारा सपने की
छलना है

सीधा-सा कहा
कभी सीधा कब होता है
गाँठों में ऐंठ, घूम
वहीं लौट आता है
समझ की वीरानी में

[14/12/2009]

कुछ और है अनदिख

अंग-अंग
नर्तकी का

अपनी अलग मुद्रा
उकेरता है

नृत्य के पूरे वलय का
देह-घेरे, देह-बाहर
जागता है अंगहार

नृत्य के आकाश में
अनदिख
हमारे देखने के शून्य भीतर
नाचता है

पिघल जाता
नृत्य की लय में
वलय का
चक्रवाल

[21/12/2009]

गोरख की पगडंडी

'पीछा
करता हूँ किसी का मैं'
लगा मुझे अकस्मात्।
अगला मुहूर्त तभी
पिछले से भटक गया

कहाँ हूँ मैं?

अपनी धुन सोचता था
चलता हूँ स्वगत चाल।

कैसा संकेत बात बदल गया?

देख रहा था ऊपर।
जिधर फूलसुँघनी की तीखी,
कुछ झुकी, सधी, कठिन चोंच,
फूलों में काँप उठी

बाजरे के धानी रंग सिट्टों में
उतरा था दूध, जिसे
लंबी दुम, दुबला-सा, गिरगिट का
बच्चा, समाहित सा पी रहा था

तभी भीतर
मुड़ी आँख, अनायास।

मैं कहाँ था?
छाँह थी पहेली सी।
चल रही थी
अगम कहीं
गोरख की पगडंडी।
पीछे मैं बेबस-सा
बेसँभाल
चल रहा था
आज से ही नहीं
जब से चलता हूँ

भोर के व्यवस्थित
उजाले के पीछे ही
क्या अघोर!

[माध्यम जु./सि. 2005; 25/12/09]

उद्‌भट कुछ

वन के मन
दूर गगन
उधर डाल काँप गई

इधर झरा पत्ता।

अँधेरे में
पुतली के भीतर ही आँख
किरण भाँप गई

भैरवी सी

औघड़ उजाले में
चौखट अमावस की
नाप गई

ओप

छहर गई शून्य
किस अगाध चारी में
उद्‌भट कुछ थाप गई

घूम घूम आए हम

एक करवट से
दूसरी करवट तक
नींद

किन गुफाओं को
पार कर लेती है

नींद नहीं जानती कुछ
जागते को सपना है

निद्रा में आज
कहाँ अतल
घूम आए हम

सपना था?
हमको पर लहू लहू
जानता था

गहरी घुप घाटी में
पानी का गह्वर था

तमस की अथाह
भँवर

घूम घूम घूम रही
पागल-सी एक नाँव

हम थे पतवार लिये
वहीं खड़े

एक पाँव उसी नाँव
दूसरा अँधेरे में
सीढ़ियाँ टटोल रहा

मरघट की

[27/8/89; 20/12/09]

झुलस गया

आँख और दृश्य बीच
अंतराल

लौ की अँगड़ाई में
झुलस गया

करवट ली लपटों ने
निगल गईं
बीच का आकाश

एकताल :
दृष्टि और दृश्यजाल

सोचा था,
आप में समाएगी
दृश्य-विरत आँख
अलख देखेगी :
देखने का गूढ़ अर्थ

धूर्त, चतुर मन चुपके
पुतली उसकाता है

देखने की ललक

और लेलिहान

कालिख दिखाती है
देखने की आग

वही ढूँढ़ता हूँ
व्याकुल फिर
आँख और देखने के बीच खड़ा
शांत, शिष्ट
शून्य

पर
सवाल फिर
कसकता है :
देखने सा सचमुच कुछ
देखा था?

[माध्यम जु./सि. 2005; 26/12/09]

अशरीरी वाक्

तुम रूप
मैं छाया :
तुम्हारा नाम,
काया

छूना क्यों चाहते हो?

लहू, माटी, कीच–
इसी माया में
मुझे भी जकड़
लोगे?

दूसरा
क्यों जान बैठे?
अपना क्या वही

जिसे मुट्ठियों में कस रहोगे?

[जुलाई, 89; 26/12/09]

गढ़ दूँ मैं बात?

बात बने या न बने
बात जिसे कहनी है
उसे कहो।
मुझे क्यों सुनाने तुम बैठ गए?

तोल–परख जाँचनी है बात
बनी यी न बनी?

बटखरा नहीं है यहाँ
देखा भी नहीं कभी।
मैं तो तराशता हूँ,
गढ़ता हूँ बात।

बड़ा टेढ़ा है काम
कड़ी मेहनत से साधा है।
अब लेकिन पानी से चलते हैं हाथ।

सभी
नौ नौ रस–भावों के
सभी सात रंगों में
तुरत फुरत
पुतले निकालता हूँ।

तुम्हें चाहिए तो कहो
गढ़ के निकाल दूँगा
जैसा तुम चाहोगे :
तीखा, सलोना, कुछ चाशनी में सना
सुघड़, चपल, चुस्त
सौम्य, ढीठ।
बड़े चतुर लाघव से
काम बिना मोल, चलो, कर दूँगा
दोस्तों का काम दोस्त करते हैं।

बात पर वहीं रहेगी।
पुतले से बात जहाँ बन जाए
वहाँ झूठमूठ
बोझ
बात का उठाना क्या?

मोटा सवाल यही।

भीतर जहाँ से तैर आई है बात
अगर वहीं अलख पानी में ढली नहीं
पुतला ही फिर तो बन पाएगा।

मिट्टी की साँसों में

हवा को
या जंगल को
किसे आज सौंप दोगे
देह?

उड़ी जाती है
डोर मेरे हाथों से उचट गई
खिंच रहा, समा रहा हूँ
उसी ओर

जाग उठा
देवता है यहाँ कोई
मिट्टी की साँसों में

मैं उसका
उद्भिद हूँ, अभी-उगा,
पुलक-पला
पंख

[जयपुर, 2006]

एक कुरेद

मन से पूछो
तो बिखर जाता है–
उसके खटराग
तीन तेरह हैं

प्राणों की हूक, अवसाद
किसी पूछने की
अनसुनी भी करे
ऐसे कान कहाँ!

बुद्धि–चटुल आँख,
चतुर चेतना की,
कौतुक से देखती है मुझे
किसे पूछोगे? पूछती है।

पूछता रहा हूँ मैं
अपने, बेगानों से
नयों से पुरानों से
उनका कहा क्या बूझूँ? पूछता हूँ

आप ही से पूछूँ क्या?
आप समाधान के
ठिकाने जो जानते हों

कह दीजे–मैं गुहार पूछूँगा

ये तो मत कहिएगा–
आप ही से पूछना है!
अपने किस आप से मैं पूछूँगा?
वहीं तो हताश खड़ा

अँधेरे आकाश तले खड़ा था मैं
पूछने के बुकचे में बंद, निरा, निराकाश
दूर तभी ऊपर से चिड़िया, कुरेद ढरी, आ उतरी
पूछने की ठठरी पर पड़ी चोंच

सारा पसारा ले उड़ी हवा
मैंने ली साँस।
ठिठक, चिड़िया की आँख मुझे पूछ रही–
तू क्या है?

[माध्यम, जुलाई–सितम्बर, 2005]

पत्ता उड़ा

फागुन की हल्की, अचानक-सी झड़ी।
पेड़ तले जहाँ मिट्टी
पपड़ा रही थी,
बूँदों में थहर गई।

डाल, जहाँ भीग रही थी पंडुक
वहीं से पत्ता उड़ा
पतझर का फीका, उचाट रंग
झोंके में गडमड सा तैर गया।

धीरे से आ बैठा
धरती के सोंधे पर

बादल जब छिटके तो
इधर नील, उधर श्वेत
पत्तों की बूँदों में
नम था आकाश

नीचे जो देखा तो
पत्ता किन पत्तों में
खो गया था

आँखों की चौखट पर
कल बुहार देखोगे?

[जयपुर, 8/3/04]

उसको आकाश छोड़

किसकी पुकार
बाट जोहती है?
कानों में, दबे पाँव, आती है कभी
लौट जाती है
निःस्पृह, निःशब्द।
हिचकिचाती है,

आएगा?

भोर भोर, किरणों से कुछ पहले
सूरज की अनदिखती टहनी पर
चहक रही सतबहनी
उझक, लहक, अपने ही सुर-बेसुर में उलझी
पूछती भी नहीं, सात घोड़ों पर
आएगा?

जानती है।

देखती भी नहीं उधर।
अलग, दूर, सूने आकाश छोड़
अपनी ही ठानती है

तुम भी क्या

यों ही
इन सात सघन साँसों के झुरमुट में
स्थिर चंचल,
अनसुनोगे?
बाँसुरी को

[जयपुर, 6/3/02]

वृन्त से जड़ा पत्ता

पगडंडी

कितनी भी
झाड़-घिरी
हो सँकरी
निरी रेख

पगडंडी

फिर भी अध्यास
अरण्यानी के उर ऊपर

वृन्त से जड़ा पत्ता
एक ही
अकेला भी
फुनगी जड़ तना डाल धरती आकाश घेर
निर्जन
हरे का जो अंतरिक्ष बुनता है
वहीं है अरण्य की पहेली का
सघन मर्म

पूछते हो,
क्या अरण्य?

प्रश्न जहाँ उठा
वहीं

पगडंडी

धोखा है, नदी है?

आँख की कैसी ललक थी?
बिना देखे भी
उधर ही देखती थी। निष्पलक थी।
शून्य के अनघिर अहाते में
चकित। देखे बिना भी चमत्कृत।

मैं इधर अपने कलेवर घर नगर संसार
के बिखरे पसारे में थकित
दो पाँव बढ़ने की डगर
कब से निहोरे
खोजता था। विकल।

पर आँखें उधर थीं।
देखता हूँ अब यहाँ भी उधर की सूनी ढलक
घिर, उतर आई पलक तक।

बह तो रहा हूँ।
मगर
धोखा है, नदी है, हवा की उन्मन झलक है
कौन जाने!

[जयपुर, 17/3/2003]

पंगत में

कौन सी पंगत खड़ा था?
किस विदेशी नगर की चौखट उठे थे पाँव?
सहसा अकेले में खो गया आपा
नगर भीतर नगर बाहर कहाँ हूँ इस अचानक धुँधलके में?

खिड़कियाँ उजली।
सजा है घर
सुढर सोफ़ा लिये है गोद में
उनको, अतिथि जिनके दुवारे मैं।
नए फूलों फबा है फूलदस्ता

बीच में

वो कौन?
जो कुछ दूसरों से कहीं बढ़ कर
बोलता है
दूसरों की आँख में अपनी कहानी
तोलता है
आप से अनजान; पर ही बटखरा है, मान

मैं तो नहीं?
ऐसा क्यों लगा पल भर?
हमारी तुम्हारी सबकी

यही पहचान।

पंगत में वहीं सब खड़े हैं।
बाहर निकल देखा
वहीं पंगत जड़े थे
पाँव

छंद कहो

बड़ी देर बैठे हो।
सो गए हैं हाथ
कलम ऊब गई।

उठने से पहले
कुछ कहो छंद
अर्जुन का तीर कहो–
धनुष नहीं खिंचता है
नहीं खिंचे
एक ही लकीर खिंचे
तीर खिंचे
भीतर ही खिंचे तीर
सोते से नीर खिंचे

कब से पपड़ा रहे हैं
होंठ

सूखे में एक बूँद

सूखे में एक बूँद, भोर, आज
काँप उठी तिनके के तले
बाँझ

पुतली में उसे आँज
चौंक गया

बह चली आँखों में अथाह।

कहाँ लिये जाती है?

[20/6/2002]

अप्रकेत

पूरी अँधेरी है
आज रात

सातों ही घोड़ों को
अलग छोड़ आई है।

अप्रकेत
किरणों का।

नभस्-घिर
अँधेरे में
जागी है कहीं आँख–देखती है।

उड़ा पंख
निराकाश

[डीट्रॉयट जून, 2001]

पत्ता अष्टावक्र

पत्ता
अष्टावक्र।
आठ सलवट में सिकुड़ा
धूल–सना, जर्जर।
छू देखो
मिट्टी मिट्टी कर देगा
उँगली के उजले पोर।

हवा
चल पड़ी तमक
सीधी पगडंडी के ऊपर।
पत्ता भी साथ चला सरपट।
फिर थमी अचानक हवा
रुका पत्ता, डगमग
कुछ इठलाया, लहराया
फिर बढ़ चला झिझक
झोंका आया, पत्ता दौड़ा
मिल गया हवा का हाथ
सहज

तुम कहो मगर
तुम उसके पीछे क्यों दौड़े?

[डीट्रॉयट जुलाई, 2001]

आवश्यक सूचना

इस नगर की मछलियों पर नगर पालिका
नया प्रयोग कर रही है।
सावधान!
कोई पकड़े तो तत्क्षण ही पानी में अक्षत ही छोड़ेगा।
सबको दुहाई विज्ञान की है
(साथ पोतों परपोतों की,
जो फिर स्वच्छंद
मछुआरा गति भोगेंगे।)

टॉमस हूँ
टॉम सभी कहते हैं

दिन भर किनारे
मैं बंसी के हाथ रहा

धूप हवा पानी का मौन श्लेष
दिन तो, चलो, अच्छा ही बीत गया
मछली पर हाथ नहीं आई
उदास हूँ मैं।
आती तो छोड़ तभी देता ही
तोलने के तुरत बाद।
हैरी ने परसों ही पकड़ी थी–
आठ किलो–(झूठ नहीं बोलता है)

आँखों में जीत लिये डोलता है!

'इसीलिए दिन भर की झखमारी?'
पूछोगे परदेसी बुद्धिजीव।

गहरा भी भेद कहूँ?

मछली बहाना था
अपने ही भीतर उतरने का।
बूझनी थी एक बात
जीवन-पहेली थी
बचपन से रेंगती थी
मन के किनारों पर
काटती-कचोटती थी।

भूलती-सी
याद अब भी आती है।
लो, फिर से भी भूल गया!
अब तो इस बंसी का काँटा ही
मन में है।

'मछली पकड़ते हो?
देखो इस बंसी की डगन अलग देखोगे;
मैंने सँवारी है,
हैरी का काम नहीं।'

[डीट्रॉयट; रूज नाम के नाले पर (मछली छोड़ देने की सूचना भी है)

12/7/2001]

अल्हड़

एक बेमौसम दिखावट के लिए
बेतुका नखरा कर गई
अल्हड़
अयानी

दिवस थे पतझाड़ के
पागल कली
आई भटक ऋतुचक्र से।
खिल तो गई पर
है उचाट।

डाल के मटियाल पत्तों ने दबोचा,
'अरी इठलानी
कहाँ से
झुर्रियों में मुँहासा?'

अब शरद आई
सवेरे आकाश
जैसे दूध में केसर लिये है
झर रहा है हरसिंगार
बाँह में धरती सँजोए
बिछ रहा विश्वस्त।

लेकिन वही सूखी डाल देखो
उभरता है ढीठ
अँखुआ
उसी ऋतु-भटकी कली का
निपट वंशज

[जयपुर, 10/4/2003]

सावधान

सावधान
संविधान

डंके की चोट
वोट जीता है
दुष्ट भ्रष्ट अपराधी?
आप कौन बोलते हैं?
झूठी मनमानी क्यों तोलते हैं

करनी अकरनी का निकष मान
सत्य का प्रमाण जान
संविधान

सावधान

[डीट्रॉयट, जून 2001]

बोलने की पथचारी

कवि बोलते तो रहना है

आलोचक लाचारी?
सुनते भी रहो कभी।
औरों की जाने दो
अपनी ही सुनो।
कान
भीतर ही रहे।
हूक
बोलने की नींव तक
उतर जाए।

कवि भीतर की कहता हूँ।

आलोचक गहरा छलावा तो नहीं?
कान
बोलते ही बाहर पलटता है
रीझता है चिकनी सी
चतुर बात

कवि बोलने का पंथ,
धाम,
पाता हूँ कभी।

बात
चुप के उजाले में गूँजती है।
सचमुच तब बोलता हूँ
कभी-कभी।

बोलने की लाचारी कहते हो
चलता हूँ बोलने की पथचारी

[डीट्रॉयट, जून 2001]

एक सयाने चिड़े की प्रार्थना

प्रभु!

डाल से छूटे न
पंजे की पकड़।
पत्तों में अनदिख, निडर
चोंच
कीड़ों का चुगती हो चारा
भर पेट
पेट बच्चों का भर
दिन दिन आजीवन आठ पहर
बस इतना कर दो, मायावी!
अंतर्यामी!

फिर (चाहो तो) घलुए में
पूरी करो निगोड़ी निघर
एक कनफटी आस
जो
बिना बात रातों में
कौंध-कौंध जाती।
कहती है,
'पंछी, गगनपुत्र, तू
ऊपर उड़
क्यों बँधा डाल

जा निकल दूर
डैने फैला
आकाश तोल
तेरी नन्ही काया घेरे
है इसीलिए तो
पंख

हे ईश्वर!
कुछ ऐसा कर दो
भीतर से नाहक निर्विचार
जब उठे सताती उड़न-हूक
तब सुख से
डाली पकड़े ही
पंखों को थोड़ा उचका लूँ
थोड़ी सी फड़फड़ में पूरी
बुझ रहे अकारथ गगन-प्यास।
बिन उड़े भरूँ
ऊँची उड़ान का
अटल भान

[डीट्रॉयट, जुलाई 2001]

तार तार उठता स्वर
मौन शिखर उतर गया
अपनी लौ भाँपेगा
जाँचेगा अपना आकाश

अभिषेक

फुनगी ने झूम, घटा,
घटा, घटा– तीन घटा
बादलों में बाँटी है–
काली, सुरमई, लाल।

मोर
वहाँ आ बैठा
डाल जहाँ सँकरी है।

डगमगाया, फड़फड़ाए पंख
सँभल बैठा है।

मूँग–हरे पत्तों में
थमक गई
जामुन–मँजीठ लौ।
कल बरसा पानी
उड़ फुही फुही बिखर गया।

चार बूँद इधर गिरी
पलक, होंठ, नाक, कान।

मुझ पर है
ऋतु का अभिषेक।

[जयपुर, 20/8/2000]

नींद क्यों नहीं लेता?

बैठा है छाँह तले, ऊँघता सा।
गरदन की चौथी सलवट खिंच कर
खाल के चकत्ते उभार रही।
झटके से झुकता सर

नींद क्यों नहीं लेता?
मीठी दुपहरी है
पत्तों में गाती है हवा
धूप बादलों में तैरी है

अरे, किधर गई, दिखी?
बकरियों की घूमती हो चौकड़ी
तो तुम सोते?
सोच कहो, ढोर बड़े, नींद बड़ी?

चौड़े में घूमता सहारा है
उधर सड़क बेईमान
टक्कर दी निकल गई।
बकरी में कहाँ जान!

मुझ-सी है। अब तब कब बैठ रहे
कौन कहे? मेरी भी कहाँ
भला; नौकरी ही मेरी है।
नींद को दूँ आँख, फिर

भरोसा क्या मेरा है?
हड्डियों में कोई मगर
पकड़ पकड़ लेता है
आँख उसकी मुट्ठी में सोई है

नींद नहीं है मुझको,
मुट्ठी का कस रहा है बंध

[जयपुर, 10/7/2000]

सौदा

शब्दों का जाल
जिस जल में बिछाया है,
मछली पा जाओगे।

बेचोगे किसे मगर?

अपने ही आपको मत
गाहक बना लेना।
भाव
क्या बताओगे?

[अगस्त 89; जनवरी 99]

शिरा जाने

मँझधार बहती नाव ने
चुपके किनारा कर लिया

तुम लहर में कूदे
बहो चुपचाप
शव-निस्तब्ध

निश्चल शिरा में हो
उमगती पागल नदी का वेग

जो ठिठका
बहा बरबस किनारे
लहरहारे

सौंप दी जिसने नदी को देह
लहरों में घुमड़
उसमें छलक आ ही रहेगा
नदी का प्रारब्ध

आगे शिरा जाने

गन्तव्य

न सही छाँह
बैठने दो यहीं।

जानते हैं पाँव, फिर पुकार रहे,
यहीं,
यहीं आना था।

आँखों में छाँह का छलावा ले,
चलना क्या, व्रतचारी?
वीतराग पृथ्वी पर!

ऊसर आकाश। सूर्य
धधक रहा
स्तब्ध, स्थाणु।

जहाँ कहीं जाओगे
यहीं को ही
पाओगे।

[जयपुर, 8/5/99]

जेठ में पीपल का रंग

लू के थपेड़ों से निर्विकार
पीपल
वसंत सा पुनर्नवा।

आस-पास कालदिग्ध
झूरती है विकल धरा।

पीपल का पत्ता पर
ऋतुओं का एक अलख
गूढ़ तंत्र जानता है।

डाली की पोर पोर उमग जगे, नए
घने पत्तों का
कौन सा है रंग कहूँ?
पल में पलटता है।

छूता हूँ।
मेरी दो उँगलियों में पुलक जगा
नन्हा सा पत्ता यों निरालंब नाच रहा
शून्य पर थिरकते हों पाँव

कहूँ पत्ते का रंग?

पके फालसे की छाँह पला
छुपता सा बैंजनी है कभी
अभी कत्थे की ओझल उमंग
जहाँ आँखें चुराता है गेरू का रंग।

झलक सबकी है।

निखरता है उभर हरा
निथर-भरा,
सरसों के फूलों की छाँह-खिला,
खुला खुला, झीना-झिप
सजल स्पंद

आँक रहा
आत्म-लीन
मधुऋतु की तूलिका से
जेठ का आकाश

[जयपुर, 15/5/99]

इति अथ

उँगलियों की लय भीतर
उठा छंद
निस्तरंग दिपता है।

जितना आवेग बढ़ा
दाएँ से थिरक चढ़ा
बाएँ का वेग

पाँव उड़ते हैं
चुप होता, ठहरा सा चक्रवात
नूपुर का स्वन

थमेगा नाच अभी
अभी जो कि जागा है

[जयपुर 9/6/99]

पतझर की धूप
जहाँ केसर-कत्थई
मौन
कौवे की काँव
उसी चुप्पी में
सिमट रही

डीट्रॉयट, अक्टूबर 1999

पत्ते कस्तूर लाल
सोने-सी धूप
थमे पाँवों की चाप
उठी, थिरक गई

(उसी दिन की है)

मेरी ही चुप ने
सन्नाटे में
कहा मुझे,

'सुनते हो'

टूट गया तार

(उसी दिन की है)

कट गई घास
उड़ा रंग
तीन फूल हँसे

दिन चढ़े एक बूँद
साँझ पड़े सात
रात, बहा जाता है
घर-बाहर

रात के अँधेरे में
चहक उठी डाल

वहीं सूरज है
छुपा कहीं

चल रहा था,
ठिठक गया
पाँव तले मेरी ही
काया थी

एक छीछड़ गिरा–कौवा।
तीन कौवे
पाँच, बारह, बीस...
अब कितने गिनोगे?

बीच ऊसर
एक अंकुर हरा
पूछो,
देखने क्या आया है?

होश मेरे
उड़ रहे हैं
मैं नहीं

किसे थामूँ
एक ऊना
एक सूना

अब उड़ूँगी
आ बसा डैनों तले
आकाश

बैठते ही बैठते
उखड़ा किनारा
अब नदी है सेज

जो कहीं
जा पहुँचता
आगे निकलता

उड़ेगा मन
दिख रही
आकाश ऊपर डाल

बात रुकने की नहीं थी
आ गई
किसकी महक

शांत था
फिर वही आहट
तिलमिलाया

परे?

बाती
बढ़ा दी
अँधेरे में
तिमिरमयी

दिख रहा अँधेरा अब।
आहट भी आई है
बाहर से।

'जानते हो कौन चला आता है?'

'यहाँ और किसका घर?'

डर?

नहीं, मैं ही हूँ सरासर।
मुझको को ही ढूँढ़ रहा
मेरा परायापन।

[28/11/97]

गोरख-गीत

(सात के छंद में)

कहीं तो आकाश हो

जिसको नगर के पथ निगल
खिंच गए सँकरी घिरी
धूसर गली में
उसको पवन उनचास हो

जिसके निरंतर कान पागल पिघल
गूँगी चीख की चट्टान
में ढल गए
उसको महेश्वर का मिले डमरू
फिर ऋलृक् ऋक् लास हो

वाक् हो, संभाष हो

[जयपुर, 6/3/93]

पीछे ही

पीछे ही छाया है
निगलेगी
भर लेगी
अपना तन, रीतापन

तुम भी कह बैठोगे
मेरी ही काया है

[जयपुर, 24/4/92]

शब्द जहाँ जनम के अछूत

इससे तो चुप रहना अच्छा था।

उतर गया
खड़ा खड़ा। सर पर था
भूत

फिर क्यों मुँह खोला था?
सारा जंजाल एक आखर में
फिर लाए कूत

चुप का भी घर वही है
जो घर तुम्हारा है। शब्द जहाँ
जनम के अछूत

[जयपुर, 3/5/92]

तिलस्म

किसे किस्सा सुनाते?
कौन था
किस्से के नहीं था
भीतर?

सुना,
सुरंग तिलस्मी है यहीं
किस्से में।
कोई ऐयार उसी राह
निकलता बाहर।
उसी का है तिलस्म
हमारा ये किस्सा भी।

तुम्हारा भी जी करे
तो तुम कहो नया किस्सा
तलाश लो
कहाँ सुरंग
कहाँ बटुआ है

यहीं किस्से में ही
किस्से का है
भीतर बाहर

हमारा क्या
किसी किस्से में
हमें रहना है

[जयपुर, 24/6/92]

टोह

बात किसकी टोह में है
किधर है उसकी निराली चाँदमारी का ठिकाना
कौन जाने

तुम जहाँ भी जा रहोगे
आ लगेगा सर निशाना

[जयपुर, 17/8/92]

साध

जरा
निर्मम पालती है
पुतलियों के तले
धरती

बींध जाती कल्पना के
पंख
भीतर चुप खड़ी
खिरती

पुरानी पँखुड़ी है, जानता हूँ
वृन्त पर ढलते, सिकुड़ते फूल की–
मिट्टी ठिकाना

चौंक जाता पर कभी आदिम
शिरा के गहन में
भैरव उजाला
नील का इंगित
उद्दंड

जहाँ मैं कुछ भी नहीं
है वहीं मेरी साध का
आकाश

सोम

ऋग्वेद के सोममण्डल की छाया है इन छंदों में। या हो सकता है मुझे ही ऐसा लगता हो। आप चाहें तो उसे छाया की छाया कहिए या कुछ कहने का बहाना। मगर फिर भी कहूँगा कि वही लिखने कोशिश की है जो मुझे वहाँ 'दिखा'। हाँ, दृष्टिदोष हो सकता है। पर छंद लीजिए :

(1)

जंगल की झाड़ी में
दुबकी, मटमैली, कुछ-नहीं
बेल

यों ही उखाड़ा था
खेल खेल
यहीं फेंक देने को

लहू की सहेली थी
अंतरंग
धरती की नाभि
जहाँ बीज है आकाश

साथ साथ पले,
सोम,
साथ साथ बहो

(2)

नदी की तरह

आते हो,
सोम,

चले जाते हो

मैं फिर किनारे ही
ठगा खड़ा

(3)

हमारे शब्दों की
उँगलियाँ सहलाती हैं
सोम,

नदी गोद पले,
नदियों की ओर
निकल जाते हो

(4)

पल भर में, सोम,
बिखर जाते हो

पर अपनी कविता
सहेज रखते हो

(5)

धरती की नाभि
बँधे
बहते हो

कहते हो
लूँगा
आकाश

उधर कविता में झाँकता है कौन,
सोम

(6)

घिरे हैं मेघ

बूँद
गूँज गई
सागर चुप

लहर में तैर गए
शब्द

अर्थ कौन करे?

बात मगर बनी
अगर बनती है

(7)

गुफा में
बूँद बूँद
जहाँ झरे, सोम

वहीं
अक्षर हैं
वर्ण, शब्द

(8)

हवा की लहर
है तुम्हारा घर

बड़े पंडित हो,
सोम,

बात का पराग
तुम्हीं पाते हो

(9)

यज्ञ की नाभि हो,
सोम,

तुम्हें नाभि में
बिठा लूँगा

दृष्टि आज सूरज है
सारथि हैं
शब्द

आज गा लूँगा

(10)

धमनी की उँगलियों में
थाम लिया तुम्हें,
सोम,

मेधा की काया के
काँप गए पंख

(11)

शून्य के उजाले
तुम कौंध गए,
सोम, कभी

आँखों की धरती से
दूर मगर रहते हो

(12)

तुम्हें देखेंगे
आँख दे देंगे,
सोम,

गुफा बीच
जहाँ बाँधते हो
नभ की गाँठ

उस अँधेरे में
खिलता
उजाला है

(13)

खुला है द्वार इधर,
सोम,
उधर बहते हो

कहीं को देखते हैं
देव

कहीं और
निथर बहते हो

क्या है इस ऊसर में
जिसमें बह
रहते हो

(14)

सुना,
बरसात के उखड़ते स्वर
किसी ने कस लिया आकाश
अलख पंजे में

यहाँ भी थरथरा गई
बिजली

तुम्ही क्या आ गए हो,
सोम,
या छलावा है

(15)

तुम्हारा शब्द सुना,
सोम,
या पुकार लौट आई है
हमारी फिर?

बड़ा बहुरुपिया है वह
जिसे पहचान का भरोसा है
अपनी पहचान नहीं रखता है

(16)

निर्मम हो, सोम,
वीर योद्धा हो
युद्ध-धर्म जानते हो

मेरा कबंध मुझे
देने फिर आ गए

(17)

धरती-धन
अंतरिक्ष-किरण, नित्य-ज्योति,
सोम,
लाते हो चेतक पर

आतुर यजमान खड़े
बाँट रहो

मुझको पर
अपना ये घोड़ा
दो घड़ी कभी
दे दोगे?

(18)

जंगल की ओर
उधर
पाँव चले जाते हैं,
सोम, क्यों तुम्हारे फिर

लड़कियाँ भी सारी ये
उधर ही
चलीं

(19)

सुरा की धार में
कस दो इसे
तुम, सोम,

उड़ते पीपल की
काँप रही डाल

(20)

जिस सनातन
पेड़ का अभाव
तुम्हें लाया है,
सोम,

यहाँ पथ पर
अब उसकी ही छाया है

(21)

सड़क
कालिख
भीड़
पागल ज्वार की है घड़ी

सूरज तप रहा
अंधा

तभी उतरा
वहाँ से
हंस

लोगों में खड़ा
क्या देखता है,
सोम

(22)

हुआ हूँ
बूँद बूँद खार
एकतार, निस्तरंग

बात
आ ठहर गई है
'नहीं' पर
फिर से

मथनी लो,
सोम
गरल हो चाहे
कुछ फूटे

(23)

चुक गए
चूक गए तीर
सभी

धनुष मगर खिंचता है

सोम,
धनुर्धारी ही तीर बनेगा
अबके

लक्ष्य, लक्ष्यवेध का
झगड़ा चुका

[24/10/92]

कविता

हवा की साँस
डोर डालती है
प्राणों पर

मुझे लगा
मेरा उच्छ्वास
रंग लाया है

माया थी

चार बीज डाले थे
पाँचवें ने
कविता जगा दी है

[10/5/91]

कमरा, मेज़, लिखता हाथ, पढ़ती आँख, गुनता मन।

कहाँ ढूँढ़े उसे
जो बाँध सबको, साथ मुझको
एक धागे में पिरोकर
ले उड़ा है

[16/5/91]

कृपण

आँधी में खड़े रहे
अडिग, धीर
कृपण

कसी मुट्ठी से
पत्ता भी
झरा नहीं

आई अब हवा
ठुमक
अल्हड़-सी

भर दो इस झोली में
सारे ये फूल

[24/5/91]

आज नदी
उमग उठी

सूरज है
लहरों की बाँहों में

रेत में सुलाएगा
सूरज ही

बारहखड़ी

हरे रंगों की बारहखड़ी
है ये जंगल।
चीड़ भोज मेपल-चिनार
पास झुरमुट के अनजाने पेड़-
नाम पूछता हूँ, ध्यान नहीं साथी को-
गाढ़ा हो हलका हो
-काले या पीले की लिये छाँह-
निथरा है रंग
नई कोंपल के बाने में
टटका है चिकना है
निखरा है रंग
दूर दूर हरा।

कहते हैं कहता है जंगल कुछ
अंतर के कानों से उतर गहन
अंतरतम, सीधी उतरती है बात।
धरा बोलती है
सुनता है नीरव मन
भीतर के मुखर तार।

सुनने ही आया हूँ।
बात मगर साथी की सुनती है।
जंगल चुप रहता है।

चुप की गहराई में
वर्ण-शुद्ध करता हर अक्षर को
कानों को देता है
एक नई बारहखड़ी
हरी हरी।

[बॉम्बेर्ग, 19/7/91]

होगे बबूल

खड़े खड़े
झूमते हो, रसे रसे
चंपा की डाल

कहीं कह देगा कोई
कुछ

एड़ी से चोटी तक
होगे बबूल
अभी

रास्ता उधर ही था
साथ था
सहारा था

चुभेगा
पहेली सा
मोड़

मगर
जाते क्या?

[29/7/91]

बात
बहुत करते हो

चुप बिन
कट जाती है
डोर

[29/7/91]

भस्मासुर का गीत

जिधर भी हाथ उठा
राख

प्रेत
अब तो अकेला हूँ
मसानों का

वही काँटा
फिर खटकता उठा

ऊपर हाथ भी उठ गया
बेबस
अपना ही
अब तो
सर

[बॉम्बेर्ग, 1/8/91]

गधामार

नाम से झल्लाता था बहुत
गधामार
मगर झेंप के रह जाता था।
क्या कहता?
नाम बाप-दादों का लेंगे ही लोग।

हँसी के मुखौटे में
चोट छुपा लेता था,
भीतर ही भीतर पर
जल-भुन के आग।

बड़ा नाकुछ-सा था
तन से
मन से भी।
क्या करता? कैसे निकालता पुरानी भड़ास
सात पुरखों की।

एक दिन अँधेरे में, देर रात,
चमकी तलवार।
निकल आया पिछवाड़े से कुटिया के
गधामार

उफन उफन गुस्से में, अपना ही लिया नाम

उछला दस-बीस हाथ।
लपकी तलवार, वार बिजली सा
हुआ। हुआ गधा ढेर।
इकलौता।

हाय! गधामार
गधा मार हुआ गधामार।

[कभी 1991 में]

उठने लगी थी

उठने लगी थी

उठना तो था ही
उसे।
कब तक सो सकती है
हवा?

एक पत्ता
दूर फुनगी पर
अचंचल

मुझे भी निष्कंप करता
समाहित सा
देखता था
हवा को भी भाँपता था
निर्निमेष

हवा वहीं बैठी थी
दोनों के वहीं
बीच

सिहर उठी।
पत्ता भी उठा जाग।

एक पतरंगा उड़ा

[8/2/90]

आसमानी बेल

कितने
आसमानी फूल

कल तो
उँगलियों को थामने से
लरजती थी

आज खिड़की से
चढ़ी है
आसमान

आसमानी बेल

[15/1/90]

पंक्तिबद्ध

कल की कविता के शब्द
कहीं स्तब्ध खड़े
पंक्तिबद्ध।
सावधान देख रहे बाट
चपल स्रष्टा की।

किधर बहा जाता है
लौट इधर आएगा?

आ भी क्या पाएगा?
सचमुच क्या श्रुति तक
ले जाती है स्मृति

[6/6/90]

किससे लड़ेगी?

ऊपर तो देखो
अकेली पतंग

और कोई छत पर भी
आज नहीं आया है

चुप की अटारी पर
साँझ पड़े
कौन चढ़े
बड़ी चौक
आज बड़ा मेला है

किससे लड़ेगी
अकेली पतंग?

[6/6/90]

शिखर चन्द्र शर्मा का नया घर

नए नए घर भीतर
सोते थे
शिखर चन्द्र शर्मा जी

रात
शिखर शर्मा की उचट गई
नींद
लगा,
नींव कोई खोद रहा है
घर की

सुनी मगर
गैंती की चोट,
पड़ी छत ऊपर

चौंक गए
सीढ़ी की
ओर चले

देखते हैं,
उनका ही सूत्रधार
ऊपर से उतर रहा
सोच में पड़ा था बहुत,

'इस घर की नींव में ही गड़बड़ है,
तभी तो छत पर फटाव...'
चकराए, पूछने लगे, 'ऐं, क्या कहते हो...!'

तभी सुना
आँगन में जोगियों का झुंड
गीत गाता था
भरथरी के।

ऊँची-सी टेर उठी,
'नाम-धाम छोड़ा है
जोगी जी, बेघर बेनाम फिरो
कहाँ शिखर चंद बने
फिर फँसे गिरस्ती में
सत् गुरु ने किया याद!'

टेर सुनी,
जाग पड़ी पिंगला भी
शिखर चंद्र की पत्नी
कड़कते से बोल कढ़े
घूँघट के पीछे से,
'सुन लो जी शिखर चंद,
शिखर शिखर भटक रहो
शून्य शून्य
जोगी हो, इस घर का तजो द्वार
मेरा है।
सुखमन से लौ जोड़ो
गगन-गुफा कर लो घर
मेरी मत हरो नींद
इस घर से गोरख की

जाती ही दिखे लीक'

भौचक से शिखर
ठिठक, सर पकड़े बैठ गए
कानों में साँय-साँय
आँख फटी जाती थी।

सींगी ने सुध फेरी।
देखते हैं,
इधर, पिंगला के हाथ पिंजड़ा है
सुग्गे हैं शिखर चन्द्र
उधर, पानी-पानी हैं
भरथरी के छोटे-से
तूँबी-कमंडल में!

तभी घर के ढहने का
उठा शोर!

[जयपुर, 26/6/90]

कुछ उधर की बात
कहने को
खुले थे होंठ

सारे अर्थ
शब्दों से
किनारा कर गए

[अक्टूबर, 1990]

निकली तलवार,
उठी

कौन सा है
अंग
भंग होकर ही
पाएगा चैन?

[11/10/90]

एक मन वाचाल
सब-कुछ जानता, बेझिझक
हाँके जा रहा था
म्लेच्छ भाषा में
निपट अंग्रेज़

एक मन बेहाल
आपा खो चुका, कातर,
विवश
अनबोल से ही बोल
रटता जा रहा था

मैं तमाशा देख
सदियों का पुराना
बौखलाकर रह गया

[12/1/89]

स्कूटर पर

आगे था मियाँ
बड़ा दुबला सा
नीली-बुझी हेलमेट के तले
शर्ट-पैंट नई भड़कीली
बोल बोल बोल रहा
गरदन को मोड़ मोड़

पीछे थी बीवी
चुपचाप
सुन रही थी क्या?
लाल-हरी साड़ी में
चटख, गोल

बीच में दो पाँव
सजे
चाँदी के नूपुर में
नन्हे से

[13/10/89]

आप अपनी बात

सोचता ही रहा
अपनी ही कहूँगा
आप

घट-भीतर डुबाया
आपको
पर आपको पाया

कहेंगे आप
कुछ अपनी?

तन्मात्र

सावन की साँझ
बिना बादल के
बाँझ थी

देर से
कनेर एक
घ्राण में समाया था

प्राणों में
सूक्ष्म
तन्मात्र
का खेल था सारा
देखा सुना छुआ
कहीं कुछ भी नहीं

मन में आकार घिरा
दुर्निवार

[1989 की है]

मिट्टी का ढेर बना
बैठा था
ज्यों बमीक

भीतर
घुन

[22/12/89]

उड़ने का जादू
तो हमको भी
आता था

नींद के खटोले पर
बैठे ही आए थे
बड़ी नींद अपनी
सदा की
सहेली है

यहाँ मगर
क्या देखा–आज तक
पहेली है

[1989]

कविता क्यों

फिर तिनके जोड़ती है गौरैया
कब तक उठा फेंकोगे?
घोंसला बन ही जाएगा
यहीं इसी कमरे में

जहाँ बैठा मैं भी फिर
जोड़ता हूँ शब्द।

बिखर जाते हैं।
बन चली पर बात
कुछ तो

फिर सवाल :
क्या होगा?
क्यों लिखते हो
कविता?

जानते तो हो तुम
'फिर'
इसी 'फिर' से
एक और नई कविता
जनमेगी

[22/12/89]

चार यार

(1)

यहाँ इसी नुक्कड़ पर
बैठेंगे चार यार
चोर साहूकार
कोतवाल
बेटा राजा का

बातों में ऊर्ध्वमूल बरगद का पेड़
धर्म कर्म न्याय समता का
जय-जय स्वर गूँजेगा

और तभी उठ कर सब
पकड़ेंगे अलग पंथ

(2)

दंड दंडधारी की
साँसों में बसता है

लोभ
वहीं देख रही
पुतली को डसता है

चोर साहूकार
उस अँधेरे के कोतवाल

(3)

अगले दिन
कौन कोतवाल
कौन चोर
साहूकार
बेटा राजा का

चार यार
आपस में हेरफेर
चार नए बाने में
वहीं फिर मिलेंगे
उसी नुक्कड़ पर

बरगद के पेड़ तले
धर्म कर्म न्याय शील
समता का
गूँजेगा जय-जय स्वर

[22/12/89]

उड़ी

मुड़ कर भी
नहीं देखा
इधर

क्यों
दिए मैंने
पंख

[8/8/88]

बबूल

सबेरे सबेरे लगता है
रात की चाँदनी में
छिटक आई है धूप

शरद आ गई है

और उधर
सूने से खेत में
बसंत भी है
अनहोना

बड़े बड़े काँटों में
नरम-नरम केसर के
फूल लिये
औघड़ बबूल

आधुनिक

(एक विचित्र खंड/काव्य। सात मात्रा के तालछंद का सहारा लेता है। पहला 'आ' उठाव है)

आ
धुनिक
धुन दे
जगा दे टं
कार का जादू।

उड़े फा
हा। खुले पत्थर
बनी
उलझी गुझी
हर गाँठ का जड़
छंद

पछवाँ सन
सनाती चली।

बनिया कँप
कँपाया। होम
बाम्हन ओम
स्वा
हा।

फटी छत
री, उड़े छतरी
बवंडर
आ
काश।

बिखरे
गा, वही तो
बने
गा।

धुनिया!
धुने रग-रग
जगा दे जग।

मगर कुछ
देख
सुन।
आधुनिक
धुन;

धर कमंडल
भर
समन्दर सातों
जगत् भू
गोल काँखों में
दबाए
फिरंगी फिर
रहा घर-घर।
अलख गाए।

तू धुनिक
सुर धुन
मिला ले।

ओ धुनी
धुनिए
पुराना
छोड़ गाना

नवों निधि
सौ खेचरी का
धनी, रंगी
फिरंगी
जो धुन
बजाए
आ/
धुनिक
तू भी
बजा दे।

अरे गो
रख! नहीं करना
तुझे धंधा?

[11/9/88]

यहीं बैठेंगे
यहाँ फूल है
पानी है
और उठ चलने की हूक

[25/3/86]

धीरे से

हलकी सी
थपकी दी

नाँव गई
बीच भँवर

चषक

कितने सुनहरे खेत
पीछे छोड़ आए हम।

कहाँ से कहाँ पगडंडी
आड़ू के, आम के
बन-आँवलों के, बेल के नीचे
हमारी आँख में कौतुक
हमारे पाँव में थिरकन जगाती
उड़ा लाई।

यहाँ बरगद के
पुराने तने पर
बिखरा पड़ा है
और भी सदियों पुराना
शिवालय।

चौखट किनारे
मुँह उठाए खिलखिलाता
चषक होंठों से लगाए
नाचता कंकाल

तीखे शिल्प की
चिकनी शिला पर।

कौन-सी होगी सुरा?
मेरी शिरा में कँपकँपाई।
लहूँ में जागा अघोरी

उठेगा अब
अट्टहास?

क्या करोगे नाग?

तमस का तीखा वलय
फिर मोह

किरणों का अचानक
अंगहार

नाग के फन पर
थिरकती मणि

क्यों इन सीढ़ियों से
उतर आए हम!

कभी ऊपर
खुलेगी आँख?

पुतलियों में समो लोगे?

क्या करोगे नाग?

युद्ध को सनातन समझते थे काकभुशुंडि जी। जब भूख लगती किसी न किसी नरसंहार की लहूधार चोंच में आ गिरती। पर आज भूखे रह गए। आह भरी :

अरे
क्या लड़ मरे सब?
यों काकभुशुंडि जी उवाच

यम के बीहड़ में ठूँठ खड़े
क्या ये ही लोग बचे हैं?

किसने सोचा था झूठ साँच
का झगड़ा चुक ही जाएगा

यों टाँय टाँय फिस

[19/8/79; 14/7/86]

पहरेदार

ऊब-कर ऊँघती, उदासीन
नगरी के बीच खड़ा है।
पहरेदार।
आप ही तैनात।
तत्पर जागता उत्कंठ।

जा कहो पहरेदार से पहरा उठा दे।
नहीं उससे काम।
लेकिन कहे जाकर कौन?
पहरेदार के भीतर छुपा जो चोर?

'पहरेदार,
जा तू, चुरा ले
जो चाहता है मन

मगर इतना बता, क्या ले रहेगा?
कौन सी पूरी करेगा चाह?
सब तो सो रहे!'

पहुँचा तो घर का बचाना है?

घोंसला
बनेगा यहाँ ऊपर के कोने में
कड़ियों से टँगी
मुझे ना छेड़ो, सुथरी
सजावट की टोकरी में
सब-कुछ से अलग थलग
शोभा में वीतराग।

बिथरेगी टोकरी अब।
आ बसेगा पंख-पंख :
यम के घर पली, ढीठ,
व्यग्र, मलिन
प्राणों की कसक, कौंध।

घर बसंत-लीला है।
इधर मटर-फूलों के दूध-रंग-तले
कीर-पंख फली
गदराई। उधर हरसिंगार खड़ा अधसूखे पत्तों में, हरा-कपिश
फट पड़ते, अब टपके
धरती-रँग बीज लिये
प्राणों का औघड़ पुरोहित है।

लीला को उँगली थमा दोगे?
पहुँचा तो घर का बचाना है!

सिरकटे का कबित्त

चौमुख सयाने
बड़े तन-मन-धन
जाग्रत् हैं
श्याम जी भुतोड़िया

झूठ साँच
तीन पाँच
ऊँच नीच
सूख सींच
पलकों की ओट से ही
तोल जाँच लेते हैं

मक्खी के देश में भी
क्या मजाल
मक्खी जो बैठ जाय
नाक पर कभी कहीं

ऐसे चौकन्ने को
एक बड़ा संकट है :
आँगन में एक भूत
रहता है सिरकटा
अंधा पर नकटा है
बेसिर पर बेधड़क;

नाम वही उसका भी
श्याम जी भुतोड़िया

गहरा सा काम कभी
जहाँ कहीं होता है
घर–बाहर हाट– घाट
श्याम जी को हटा वहाँ
डटता है सिरकटा

किससे किस मुँह बोलें
मन खोलें?
श्याम जी भुतोड़िया

[कलकत्ता 14/7/86]

डाल का तो काम है
झोंका आया, लहराएगी

पर तुम बोलो
तुम क्यों झूमे

[24/8/79]

चुप में जो उभरा बोल
उसी का हमने पीटा ढोल

लगी पर ज्यों ही पहली चोट
हाथ से फिसल गया था बोल

[24/9/79]

कहने करने से बाहर
मत ठहरा देना
छोटा सा मेरा काम

किसकी मन में आहट आई
जा देखोगे?
कह दोगे आकर नाम?

[24/8/79]

मैं आज बैठा हूँ जहाँ

नीम की डाली जहाँ
शहतूत की उस डाल को
हलकी हवा में छेड़ जाती है
वहीं पर बूँद टपकी
इस बरस बरसात की
पहली
थिरक कर नरम सा
शहतूत का पत्ता
हवा को थपकियाँ देने लगा

बुलबुल उतर आ बैठ जाती है वहाँ
मैं आज बैठा हूँ जहाँ

[18/8/79]

अंगुष्ठमात्रं पुरुषं नराणां हृद्दशेर्जुन तिष्ठति

गीता

क्या अचंभा
जो अँगूठे भर पुरुष मेरा
लहर में बह गया

कहाँ ये नन्हा बिचारा
कहाँ उसकी बड़ी आँखें
चुटकियों में ढह गया

[19/8/79]

तुम?

चाणक्य की ग्रंथिल शिखा
की कुण्डली भीतर जगी हो :

चल पड़ो फिर राजपथ के पार
रूँधेगा तुम्हारा द्वार
ऐसा कौन पहरेदार?
ऊँचे महल की दीवार
झुक कर आप देगी दिखा
सिंहासन कहाँ कातर खड़ा सहमा
तुम्हारी देखता है बाट

पर तुम?
यहीं से आकाश पर आकार धूमिल
देख लो प्रासाद का

उलटे चलो
इस राजपथ की रात का
अजगर अँधेरा
निगलना भी जानता है

परे हट हो लो किनारे
फेंकते घोड़ा चले आते कुँवर

[1978]

वामन

एक ठिगना ठग
ठिकाने लगा देगा
किस भरम क्या जगा देगा
वही जाने

बहुत लंबी बात कर ली
दूर की मत और हाँको
बात टिकती कहाँ कहने के सहारे
एक उँगली के इशारे
बात का उत्पात पल में उड़ा देगा

वही ठिगना ठग
ठिकाने लगा देगा

[14/10/78]

अनवस्था

डाल दी औंधे कुएँ में
आस्था
पैंदा कुएँ का और खिर कर ढुला
खिसकी धरा
नीचे गिरा

फिर?

फिर क्या?
गिरा

औंधा गिरा, अंधा गिरा, गिरता गया
मैं
निरी
अनवस्था!

[जून, 1978]

हवा

एक मीठी बात के पीछे
कहाँ तक करोगे पीछा
हवा ने एक बरबस फूल बरसाया
हवा ने बवंडर खींचा

हवा ने कब किसे सींचा

[15/7/78]

शब्द ने
शब्द का ही
साथ दिया

बात गई

पेड़ तले
मैं नाचा

पत्ते से पूछ रहा,
'ताल बता'

हवा तभी बोल उठी,
ना, ना, ना।

तू?
तू, ना

मैं उठा शाम।
भैंस वहीं बैठी थी
उठी
घर उसका तो यहीं कहीं
आस-पास

जंगल कुछ
कहने को झुक रहा था
मच्छर ने टोक दिया

डायन बस
सात घर बचाती है
आठवाँ हमारा है

(स यद् आदित्योस्तम् एत्य अग्नौ एव तद् आत्मानं जुहोति)
जैमिनीय ब्राह्मण 1,9

सूरज बिजली के लट्टू में जब डूब गया
झट चाय गटक
सम्पत लाला ने हाथ जोड़
गुन-गुन मंतर गुणगान किया
सूरज को बिजली में पधरा
चित में लक्ष्मी पधराई रे

बोले, भूरा, सुन भाई रे
तेरी तो पाँचों घी में हैं
तू दे अटकल
कुछ निकले इधर कड़ाही रे
मैं भी दूँ सर

हे ईश्वर,
तेजी का सौदा
मतवाले हाथी का हौदा
दो एक घड़ी में धरती पर
फिर सुनता किसकी हाय कौन
फिर किसकी कहाँ दुहाई रे

सौदे में क्या– बोले भूरा–
कर तीन पाँच
कर झूठ साँच
जब गाँठ पुरे
तब कौन आँच
ज्यों ही सम्पत का बढ़े ताप
भुस की ढेरी सा फुँके पाप
लग जाए दियासलाई रे

सम्पत के जी जँच गई बात
पर चाह राह के बीच घात
खा गए मात

जय बोलो लिछमी माई रे
बिन लगन, बिना लौ आई रे
किसकी तू? अगम सगाई रे
मुझसे क्यों हाय अघाई रे

[8/12/77]

एक चुप

अँधेरा चुप
कभी जब रात रहता है

कलेजे चुभ
किसी की साँस का जब साथ रहता है

कही अनकही
कितनी बात कहता है

यही जड़ कलेवर

[21/11/77]

ठीकरे का स्वप्न

बहुत ऊपर
चढ़ चुका था
अभी ओझल था शिखर

चट्टान थी ऊँची तनी
आकाश का घर घेर कर
जैसे खड़ी थी ताड़का
कब देह मेरी एक मुट्ठी में मसल देगी
यही ठाने अड़ी थी।

मैं वहाँ पहुँचा
उसी की छाँह बैठा।
सो गया।

(जो पुतलियों में घिर रहे चट्टान
उसको क्या कहोगे?
ठीकरे का स्वप्न?)

जब मैं उठा
उस चट्टान पर
आँका धनुष; दो तीर आँके

(एक चूकेगा

अगर
तो दूसरा उस पार होगा
निकालेगा पथ)

बढ़ूँगा जल्पना के रथ

[7/11/77]

सीधी गली

एक सीधी गली
भी उस ओर
जाती थी

वहीं सो गए
मन के पाँव

दो आँखें

प्राण का इंगित जिधर है
उधर दो आँखें
मुझे आकाश का संकेत देतीं
किरण की दूती खड़ी हैं

मैं उधर जाता न जाता
पर कहीं सूरजमुखी है मन
शिरा में उमगती धारा किरण-उन्मुख

किरण का हाथ ले बरबस
चला मैं गगन-उन्मद

[1974; 1977]

अपने किनारे

अपने किनारे बैठ
अपनी ही लहर का भंग
देखो
देख लोगे?

कब लहर थी
कब तुम्हारी तरल चितवन
क्या कहोगे?

[5/11/77]

एक पिद्दा
सवेरे
झाड़ी तले से
फुदक कर
बैठा कँगूरे

अब पुकारेगा किसी को
दुम हिली

[26/12/77]

कोरा निरा

मोड़ पर उत्सुक खड़ा था
अभी कोई आ मिलेगा
फिर वही दो चार बातें कर रहेंगे
साँस को जिनका सहारा

फिर वहीं घुलमिले, बैठे
हाथ में प्याली उठा ली
फिर निकाली बात बटुए से
पुरानी
'मैं घड़ी दो घड़ी का आवेग लूँगा मोल
सिक्का खरा दूँगा माल लूँगा तोल'

कैसी आज औंधी हाट की थी रीत?
सिक्का खरा था
सच्चा पुराना वही साहूकार भी था
वही पाया माल
फिर क्यों हाथ मलता रह गया?

ले हाथ मेरे हाथ में
ऊपर लहर के नाचती थी धरा
मैं क्यों ठूँठ सा था खड़ा

कोरा निरा

[जुलाई 1976]

तिरछी नदी

कहीं अनहोनी नदी के बाँक पर
मिट रहेगा वेग तिरछी आँक पर
क्यों न पर पागल तरी के अंगहार
लहर ऊपर नचा दें उन्मद लहर

आज मेरी तर्जनी नीलम गगन की मुद्रिका
उठ गई उन्मन जिधर
आकाश की होगी मुहर
आकाश होंगे, बंद जितने द्वार

[12/1/76]

मैं सवेरे उठूँगा

सूरज किरण की धेनुओं को लिए
पर्वत शिखर पर जब आ रहेगा
भटकती कोई किरण
इस नयनपथ पर खड़ी होगी

जागने की मौन दूती।

जो खुले हैं
बंद वातायन करो
मत आँख को दो
किरण का संकेत

नीझर
नींद की खेती हरी है
धान की फुनगी पड़ी-सी ओस
आधी रात को
है स्पर्श-कातर चेतना

अपने कुहक में डूब रहने दो अभी

[14/1/76]

चले जाना

अभी बैठो, चले जाना
अभी अपनी बात के रस में
शिरा का विष नहीं;
चंचल थिरकती साँस रुँध कर
गाँठ सी फँसने लगे
तब चले जाना।

अभी तन पर पुलक है
बरसात की सी दूब
मन में नदी का है,
हवा का है वेग
आगे भँवर में जब,
बवंडर में घिर रहे
तब चले जाना।

अभी बैठो, चले जाना

कौन जाने क्यों किरण
चुपके कली को जगाती है
धूल के प्राचीन खँडहर में
अचानक सुलाती है

अभी अपने नयन में

उजले गगन की सरल चितवन
घिर उठेगी घटा,
बिजली कौंध जाएगी
रुकेगा कौन?
तुम भी चले जाना

अभी बैठो, चले जाना

[9/11/76]

हवा
नटकला के पेच
निकल गई

तिनका मैं,
रहा पड़ा

वहाँ जाकर कौन तैरे
डूबने भर भी नहीं
छह हाथ पानी

सधी चितवन नागरी की

कहाँ लेकिन
दूर जंगल जा भटकती
डगर अनजानी

निकाला
हाथ खिड़की से–
हवा की साँस
नम

उँगली कली सी खिल उठी है

देखना मत
आँख से डरना
बड़ी सुलझी सयानी

झाँक देखो
वही बैठा है
जिसे तुम ढूँढ़ते हो

गठरी उतारे ज्ञान की

बस यहाँ चुपचाप बैठे देखते रहना
न कुछ कहना
न कुछ सुनना
पड़े भी बात कोई कान
मत गुनना

सभी विद्वान पंडित-सभा के
गठरी उतारे ज्ञान की
हारे बटोही तापते हैं आग

मन में सुलगते
ओछे, नाहक के झगड़ों की
सिकुड़ी-सी चादर में लिपटे
अंगार अहं का रहे फूँक

दिन भर विद्या की गठरी ले
जो घूम थका
मुँह पर रचाए साँग
अब भी क्या मुखौटे में रहे?
क्या अविद्या का नहीं ले कुछ ताप?

[1974]

जाने वाले को

उखड़ी साँस, टूटा तार
पल में आँख पुतली काँच की

छोटी यही बस धौंकनी य़ी बीच?

मेरे हाथ में था हाथ
जब ईंधन हुआ
किससे रुकी है चीख
पर क्या सुन सकी उस पार

[1974]

मुँहबोला

बोली हमारी समझता था एक सुग्गा
डालते थे उसे चुग्गा
सदा मीठे नीम का

फिर कौन जाने ऊब से या खीझ से या रूठ कर
इतवार के दिन उड़ गया
हम ऊँघते थे खाट पर

आया सिरहाने, दो घड़ी बैठा
'न बच्चा अब किसी से बोलना'
ये फूँक मंतर कान में
हो गया अन्तर्धान

मौनीराम का चेला हुआ
जंगल किनारे कुटी में
दिन रात गुरु के चरण में
लौ जगाता है लगाता है ध्यान

हमसे अब रहा जाता नहीं
जा रहेंगे हम भी वहीं
कुछ तो कभी दो बोल सुन लेगा;
कभी क्या तरस खा कर भी नहीं
दो बात कहने का करेगा भान?

[22/2/73]

गली का पेड़

इन्हीं दो चार पत्तों को लिये
ठंडी हवा में काँपते
नुक्कड़ खड़े
कब तक रहोगे?

ठिठुरता सूरज सिहर।

हाँ, फिर खिलेंगे फूल
होंगे पके गेहूँ-से सुनहले दिन
सहोगे चोट तब तक?

खड़े यों नुक्कड़?
हवा तीखी अनी

[4/2/73

जब कहोगे
चल दूँगा साथ

अगर जाते हो उधर
जिधर जाने की
बात नहीं

कहा मान लो

कहा मान लो
किसका?
चाह की पागल घड़ी दूभर घड़ी बेबस घड़ी का?
नहीं और जिस-तिस का?

सभा जब बोली
जुए के तले दे दो सर
चलो जा लो शिखर
मैंने कहा :
पर है किधर?

भौहें तनीं, सिकुड़ीं, बनीं
बोंली सभा
तुम चल पड़ो, अनथक बढ़ो
देगा गवाही मन
वहाँ जा आप कह देगा 'शिखर', अंतर

गवाही दी तभी मन ने पलट
मैं झटक सर खिसका

कहा मानूँ कहो किसका?

[6/7/72]

अभिनिष्क्रमण

बाईं तरफ को हाट है
दाएँ, सड़क इस झील को घेरे
चली जाती कहीं।

हमने सुना था कभी बचपन में
–न जाने सुना भी था या नहीं–
इस सड़क के उस छोर
कोई घाट है
कलधौत की सौ पैड़ियाँ
इस झील के आकाश जैसे नील जल में
उतरती हैं।
उतर आती है वहीं
आकाश से आकाश जल में
अप्सरा
जब चाँदनी के मिस
उतरता स्वर्ग
उजली झील में।

अब झूठ–सच खोटा–खरा
हमसे न पूछो।
अप्सरा?
क्या पता क्या है अप्सरा!
हम गाँव से इस हाट तक आए गए

इस हाट से बस गाँव तक–
इतनी हमारी बाट है।

लक्ष्मी
कभी जब देख लेती हैं किसी को
–वही जाने क्यों–
कृपा की कोर से
तब यहीं गाँव के पास
झील पर यहीं नहाते, कपड़े धोते
यहीं तैरते : उथले पानी गहरे पानी
कभी चराते घास
किनारे, यहीं किनारे
पूरी होती आस
किसी के आप हाथ में आ बहता है
फूल सोने का अनूठा।

जो सड़क पर हाट है
है वहीं आढ़त आपकी।
हमने इन्हीं हाथों खपाए फूल कितने
'पारिजात' के नाम
हाथो–हाथ जाते हैं चले।

कहते सुना है यहाँ लोगों को
वहाँ उस छोर पर जो घाट है
उस पर उतर आ अप्सरा
जब केश धोती है कभी
बह निकलता है शिथिल कबरी से
सुनहला फूल।

हमसे फिर न पूछो अप्सरा क्या

घाट कैसा झील के उस छोर का!
पर क्या कहें,
बस इसी पूनम को
अभी दस दिन हुए
अपना पड़ोसी आढ़ती बनिया अशरफी लाल
सारा छोड़ अच्छा-भला फलता-फूलता धंधा
अचानक चल पड़ा इस सड़क पर
उस छोर को।

सच हो न हो
कोई सवेरे कह रहा था गाँव में
बनिया अशरफी लाल
अब उस अप्सरा के साथ
दिन हो रात
हाथों में लिये उसका अनोखा हाथ
पागल घूमता है

झील पर
आकाश में

[18/4/72]

कटेली

कहीं भाथी है गगन में
तभी इतना वेग, इतनी आग है
अब भी पवन में
हो चली जब साँझ;
सूरज दूर पीछे धूल के
फीका पड़ा-सा झुक चला

बैसाख के इन कटे खेतों में यहाँ
सूखे पड़े झुलसे खड़े हैं झाड़
तीखी कटेली के
और तिनका भी नहीं है दूर तक
बस रेत जलती रेत उड़ती रेत का
सुनसान है

लू का लगा लूका
कटेली की कठिन काया
खनक कर काँपती जड़ से उड़ी
री, यहीं मेरी इसी धोती में
उलझना था तुझे क्या कटेली?
अब कौन तेरे काँटे छुड़ाए रेत में
तपते तवे से खेत में!

[दिल्ली, 25/6/72]

उत्कंठिता

रे मन वहाँ मत जा
जहाँ रेवा शरद की धुली
निर्मल चाँदनी में बह रही उजली।

वहाँ वेतस-लता के कुंज में
अभिसारिका : उत्कंठिता।
अट्टालिका की गोद से अवगुंठिता
उतरी; उतारी मेखला मुखरा
मुखर नूपुर उतारे।

चाँदनी में चाँदनी-सी देहलतिका
चीन पट धारे
चली विद्युल्लता-निर्जन नगर के
राजपथ, चत्वर
खिले आलोक से पल भर
हुए धूसर पुराने चित्र से फिर-
जब चली सत्वर
वहाँ वेतस लता के कुंज में
अभिसारिका : उत्कंठिता।

खंजन अचानक नीड़ से चौंका
हुआ मर्मर
उठी ग्रीवा उधर

अभिसारिका की
कम्बु सा कन्धर झुका फिर
कमल से दो नयन आए भर
न आए कांत अब भी।

रात बीती, पौ फटी :
आकाश जैसे पुरानी मदिरा
खिंची जो ईख से
तारे तगर के फूल
तिरते उसी पर दो चार
बुझ से चले अब
आलोक-झीने।
बुझ गया अभिसारिका का मन
किया फिर छल किसी ने
किसी ने फिर दिया धोखा।

दिन गया फिर रात आई
फिर वहाँ वेतस-लता के कुंज में
अभिसारिका : उत्कंठिता
आशा सँजोए करुण अंतर में खड़ी
आँखें बड़ी आँसू झड़ी में बह चलीं।

फिर पौ फटी
फिर झड़ पड़ी शेफालिका
पर कांत फिर आए नहीं
क्यों आज भी फिर छल किया?

रे मन बता दे कौन था?
तू तो न भूलेगा कभी।